MÉTHODE ESSENTIELLEMENT PROGRESSIVE

NOUVEAUX CAHIERS D'ORTHOGRAPHE

PRÉPARÉS ET RÉGLÉS

OU

PETITE GRAMMAIRE ÉLÉMENTAIRE

AVEC

EXERCICES ORTHOGRAPHIQUES ET RÉSUMÉS

EN 57 LEÇONS

ET

EN 12 CAHIERS

PRÉPARATION A NOTRE *ORTHOGRAPHE D'USAGE*, A NOTRE *SUBJONCTIF*
ET A NOTRE *PETITE GRAMMAIRE NATIONALE*

PAR

BESCHERELLE

UN CAHIER, 10 CENTIMES ; — LA COLLECTION, 1 FRANC 20

Dans le pays du suffrage universel, tout citoyen doit
savoir lire et écrire.

(*Discours de l'Empereur à l'ouverture des Chambres.*)

4ᵐᵉ CAHIER

FIN DE L'ARTICLE. — EXERCICES SUR LES ADJECTIFS

PARIS

LIBRAIRIE CLASSIQUE ET ADMINISTRATIVE
PAUL DUPONT
RUE DE GRENELLE SAINT-HONORÉ, 45

DENTU, LIBRAIRE
PALAIS-ROYAL, GALERIE D'ORLÉANS, 17 ET 19

GAUGUET ET POUGEOIS, LIBRAIRES
RUE CASSETTE, 12

A. LE CHEVALIER, ÉDITEUR
RUE DE RICHELIEU, 61

ROUDIEZ ET Cⁱᵉ
RUE ET PASSAGE DAUPHINE, 30

JUNG TREUTTEL, LIBRAIRE
RUE DE LILLE, 19
MÊME MAISON A LEIPSICK, 10, QUERSTRASSE

BESCHERELLE, PROFESSEUR
RUE DE GRENELLE-SAINT-HONORÉ, 29
ET A TOUTES LES LIBRAIRIES CLASSIQUES

1ʳᵉ *Pers. du S.*	Je prendrai le chemin le plus court et le plus sûr.
2ᵉ	
3ᵉ	
1ʳᵉ *Pers. du P.*	Nous prendrons les chemins les plus courts et les plus sûrs.
2ᵉ	
3ᵉ	

1ʳᵉ *Pers. du S.*	Ma maison est la plus belle et la mieux située que je connaisse.
2ᵉ	
3ᵉ	
1ʳᵉ *Pers. du P.*	Nos maisons sont les plus belles et les mieux situées que nous connaissions.
2ᵉ	
3ᵉ	

1ʳᵉ *Pers. du S.*	Au sein de la famille, je trouve les plus vives et les plus pures jouissances.
2ᵉ	
3ᵉ	
1ʳᵉ *Pers. du P.*	
2ᵉ	
3ᵉ	

1ʳᵉ *Pers. du S.*	Mon ami est le plus sage et le plus brave que je connaisse.
2ᵉ	
3ᵉ	
1ʳᵉ *Pers. du P.*	Nos amis sont les plus sages et les plus braves que nous connaissions.
2ᵉ	
3ᵉ	

RÉSUMÉ.

Les élèves doivent rappeler le précepte et dire comment il a été appliqué dans toutes les phrases qui précèdent.

XVIᵉ LEÇON.

PRÉCEPTE.

Quand un substantif est pris dans un sens absolu et qu'il forme avec le verbe auquel il est joint une expression verbale, l'article n'est jamais exprimé : *porter envie, faire grâce.* Cependant on dit : *faire tort et faire du tort, faire mal et faire du mal.*

4ᵉ CAHIER.   4

MODÈLE.

1ʳᵉ *Pers. du S.*	C'est à moi seul à prendre soin de mes intérêts.
2ᵉ	C'est à toi seul à prendre soin de tes intérêts.
3ᵉ	C'est à lui seul à prendre soin de ses intérêts.
1ʳᵉ *Pers. du P.*	C'est à nous seuls à prendre soin de nos intérêts.
2ᵉ	C'est à vous seuls à prendre soin de vos intérêts.
3ᵉ	C'est à eux seuls à prendre soin de leurs intétêts.

EXERCICES.

(Les élèves écriront chaque phrase à toutes les personnes, et la diront oralement aux temps du verbe qui leur seront demandés.)

1ʳᵉ *Pers. du S.*	(*Point de première personne.*)
2ᵉ	Fais cas des avis de tes supérieurs.
3ᵉ	
1ʳᵉ *Pers. du P.*	
2ᵉ	
3ᵉ	

1ʳᵉ *Pers. du S.*	T'ennuies-tu, cherches-en le remède dans le travail. (*Point de 1ʳᵉ pers.*)
2ᵉ	
3ᵉ	
1ʳᵉ *Pers. du P.*	
2ᵉ	
3ᵉ	

1ʳᵉ *Pers. du S.*	Je n'ai pas raison de me plaindre.
2ᵉ	
3ᵉ	
1ʳᵉ *Pers. du P.*	
2ᵉ	
3ᵉ	

1ʳᵉ Pers. du S. | Je me lève de bonne heure, et j'aurais tort de me coucher tard.
2ᵉ
3ᵉ
1ʳᵉ Pers. du P.
2ᵉ
3ᵉ

1ʳᵉ Pers. du S. | Je cherche mon chemin, et je ne le trouve pas.
2ᵉ
3ᵉ
1ʳᵉ Pers. du P.
2ᵉ
3ᵉ

1ʳᵉ Pers. du S. | Je n'achète rien à crédit, je paye tout comptant.
2ᵉ
3ᵉ
1ʳᵉ Pers. du P.
2ᵉ
3ᵉ

RÉSUMÉ.

Les élèves rappelleront dans ces phrases les expressions verbales.

XVIIᵉ LEÇON.

DE L'ADJECTIF.

PRÉCEPTE.

L'adjectif est un mot que l'on ajoute au substantif pour exprimer une manière d'être, une qualité bonne ou mauvaise de la personne ou de l'objet que nomme le substantif. Quand on dit : *l'homme* SIMPLE, le *colibri* DORÉ, l'*or* BRILLANT du *genêt,* les mots *simple, doré, brillant,* sont ajoutés aux substantifs *homme, colibri, or,* pour exprimer de quelle manière les objets sont représentés par ces substantifs.

Tous les mots qui servent à ajouter aux objets représentés par les substantifs une qualité ou une manière d'être quelconque, et devant lesquels on peut placer *il est très,* sont des ADJECTIFS [1]

1 *Bien, mal, loin, près,* font exception; remarquez aussi que *il est très* doit signifier *cet individu est très, cet objet est très...*

MODÈLE.

1re *Pers. du S.*	*(Point de première personne.)*
2^e	Veux-tu être inviolable, sois impeccable.
3^e	Veut-il être inviolable, qu'il soit impeccable.
1re *Pers. du P.*	Voulons-nous être inviolables, soyons impeccables.
2^e	Voulez-vous être inviolables, soyez impeccables.
3^e	Veulent-ils être inviolables, qu'ils soient impeccables

EXERCICES.

(Les élèves écriront chaque phrase à toutes les personnes, et la diront oralement aux temps du verbe qui leur seront demandés.)

1re *Pers. du S.*	Je ne suivrai que de bons conseils.
2^e	
3^e	
1re *Pers. du P.*	
2^e	
3^e	

1re *Pers. du S.*	Je vais écrire à mes chers parents.
2^e	
3^e	
1re *Pers. du P.*	
2^e	
3^e	

1re *Pers. du S.*	*(Point de première personne.)*
2^e	Sois aimable, si tu veux être aimé.
3^e	
1re *Pers. du P.*	
2^e	
3^e	

1re *Pers. du S.*	Les fautes même légères que je commets, je ne me les pardonne pas.
2^{e}	_____
3^{e}	_____
1re *Pers. du P.*	_____
2^{e}	_____
3^{e}	_____

RÉSUMÉ.

Les élèves doivent indiquer les adjectifs qui sont employés dans les phrases précédentes.

XVIII$^\text{e}$ LEÇON.

FÉMININ 1° DES ADJECTIFS EN GÉNÉRAL; 2° DES ADJECTIFS TERMINÉS PAR *er*; 3° DES ADJECTIFS TERMINÉS PAR *on*, *et*, *el*, *ien*, ETC.; 4° DES ADJECTIFS TERMINÉS PAR *x*; 5° DES ADJECTIFS EN *f*; 6° DES ADJECTIFS EN *eur*; 7° DE QUELQUES ADJECTIFS EXCEPTIONNELS.

PRÉCEPTE.

1° Tous les adjectifs, quelle que soit leur terminaison, forment leur féminin en prenant seulement un *e* muet : *grand, grande*.

2° Les adjectif terminés en *er* prennent au féminin un accent grave sur l'*e* qui précède la lettre *r*; un homme *fier*, une femme *fière*.

3° Les adjectifs terminés par *on*, *et*, *el*, *ien*, etc., forment leur féminin en doublant la consonne finale et en prenant un *e* muet : *bon, bonne, sujet, sujette, éternel, éternelle, chrétien, chrétienne*.

Tout adjectif terminé au masculin par un *e* muet ne change pas de terminaison au féminin : le *bonheur* SUPRÊME, *la loi* SUPRÊME; un *esprit* SOLIDE, une SOLIDE *amitié*. On l'appelle adjectif des deux genres.

Exceptions : *traître, diable, maître*, font *traîteresse, diablesse, maîtresse*.

4° Le féminin des adjectifs terminés par *x* se forme en changeant *x* en *se* (prononcez *ze*) : un ami *malheureux*, un être *odieux*, la vertu *malheureuse*, la chaîne est *odieuse*, etc.

Il faut excepter de cette règle *doux, faux, roux, vieux, préfix* (l'*x* s'articule), qui font *douce, fausse, rousse, vieille, préfixe*. On dit aussi *vieil* au masculin devant une voyelle : *vieil* ami ou *vieux* ami.

5° Les adjectifs en *f* changent *f* en *ve* : un esprit *vif*, une passion *vive*, un jugement *actif*, une mémoire *active*.

6° Les adjectifs en *eur* ont plusieurs formes au féminin.

1. Ceux qui dérivent d'un participe présent par le changement de *ant* en *eur*, font *euse* au féminin, *trompant, trompeur, trompeuse*.

2. Ceux en *teur*, qui ne dérivent pas d'un participe présent, font *trice* au féminin : créateur, *créatrice*; dominateur, *dominatrice*.

3. Ceux en *eur*, qui expriment une idée de comparaison, forment leur féminin régulièrement : *meilleur, meilleure;* majeur, *majeure;* inférieur, *inférieure;* antérieur, *antérieure;* citérieure, *citérieure;* mineur, *mineure*, etc.

4. *Enchanteur, pécheur, vengeur,* font *enchanteresse, pécheresse, vengeresse.*

On surmonte d'un tréma (¨) l'*e* qu'on ajoute au féminin des adjectifs terminés en *gu;* un accent *aigu*, une douleur *aiguë*.

Dû et *crû*, qui ont un accent circonflexe au masculin, le perdent au féminin : cette somme est *due,* la rivière est *crue.*

Exceptions : Les adjectifs suivants ne doublent pas la consonne finale : *secret, concret, incomplet, replet, complet, indiscret, inquiet, inconcret;* ils suivent la règle générale, et font au féminin : *secrète concrète, indiscrète, incomplète,* etc.

7° Les adjectifs suivants, *public, caduc, turc, grec, franc, blanc, sec, frais, long, bénin, malin, oblong, muscat, absous, dissous, tiers, exprès,* font au féminin : *publique, caduque, turque, grecque, franche, blanche, sèche, fraîche, longue, bénigne, maligne, oblongue, muscate* ou *muscade, absoute, dissoute, tierce, expresse. Bel* et *beau, nouvel* et *nouveau, vieux* et *vieil, mol* et *mou, fol,* et *fou,* font au féminin *belle, nouvelle, vieille, molle, folle. Résous* fait quelquefois *résolue :* tumeur *résolue.*

Il y a des adjectifs qui ne s'emploient pas au féminin, tels sont : *fat, dispos, imposteur, retors, châtain, turquin* (bleu), *vélin* (papier). Il en est de même de *vieillard, hébreu, discord.* On dit du vinaigre, de l'huile *rosat.* Quelques grammairiens joignent à cette liste les mots *partisan* et *aquilin;* mais Voltaire a dit d'une dame, *vous êtes* PARTISANE, et le poëte Barthélemy a dit *face* AQUILINE.

MODÈLE.

1ʳᵉ *Pers. du S.*	(Point de première personne.)
2ᵉ	Quoi que tu ordonnes, sois bref.
3ᵉ	Quoi qu'il ordonne, qu'il soit bref.
1ʳᵉ *Pers. du P.*	Quoi que nous ordonnions, soyons brefs.
2ᵉ	Quoi que vous ordonniez, soyez brefs.
3ᵉ	Quoi qu'ils ordonnent, qu'ils soient brefs.

EXERCICES.

(Les élèves écriront chaque phrase à toutes les personnes, et la diront oralement aux temps du verbe qui leur seront demandés.)

1ʳᵉ *Pers. du S.*	Je ne suis ni curieux, ni indiscret.
2ᵉ	
3ᵉ	
1ʳᵉ *Pers. du P.*	Nous ne sommes ni curieuses, ni indiscrètes.
2ᵉ	
3ᵉ	

1ʳᵉ *Pers. du S.* | Je ne serai pas magnanime, si je suis vindicatif.
2ᵉ
3ᵉ

1ʳᵉ *Pers. du P.* | Nous ne serons pas magnanimes, si nous sommes vindicatives.
2ᵉ
3ᵉ

1ʳᵉ *Pers. du S.* | (*Point de première personne.*)
2ᵉ
3ᵉ   Sois muet quand tu as donné, parle quand tu as reçu.

1ʳᵉ *Pers. du P.* | Soyons muettes quand nous avons donné, parlons quand nous avons reçu.
2ᵉ
3ᵉ

1ʳᵉ *Pers. du S.* | En dormirai-je plus tranquille, si je dors sur le mol édredon?
2ᵉ
3ᵉ

1ʳᵉ *Pers. du P.*
2ᵉ
3ᵉ

1ʳᵉ *Pers. du S.* | (*Point de première personne.*)
2ᵉ
3ᵉ   Sois meilleur, et tu seras plus heureux.

1ʳᵉ *Pers. du P.* | Soyons meilleures, et nous serons plus heureuses.
2ᵉ
3ᵉ

1ʳᵉ *Pers. du S.* | (*Point de première personne.*)
2ᵉ
3ᵉ   Veux-tu être aimé, sois bon.

1ʳᵉ *Pers. du P.* | Voulons-nous être aimées, soyons bonnes.
2ᵉ
3ᵉ

1re *Pers. du S.*	Je ne vois pas d'un œil sec les souffrances de mes semblables.
2e	
3e	
1re *Pers. du P.*	
2e	
3e	

1re *Pers. du S.*	Si je dors bien, je me réveille plus frais le lendemain.
2e	
3e	
1re *Pers. du P.*	Si nous dormons bien, nous nous réveillerons plus fraîches le lendemain.
2e	
3e	

1re *Pers. du S.*	Si j'étais roux, j'aurais la barbe rousse.
2e	
3e	
1re *Pers. du P.*	
2e	
3e	

1re *Pers. du S.*	(*Point de première personne.*)
2e	Lève-toi de bon matin, et tu auras la tête fraîche.
3e	
1re *Pers. du P.*	
2e	
3e	

1re *Pers. du S.*	Plus je désire, plus j'ai la bouche sèche et les mains vides.
2e	
3e	
1re *Pers. du P.*	
2e	
3e	

1ʳᵉ *Pers. du S.*	Au bel âge, je faisais des châteaux en Espagne.
2ᵉ	
3ᵉ	
1ʳᵉ *Pers. du P.*	
2ᵉ	
3ᵉ	

1ʳᵉ *Pers. du S.*	*(Point de première personne.)*
2ᵉ	Réserve-toi du vin vieux et un vieil ami.
3ᵉ	
1ʳᵉ *Pers. du P.*	
2ᵉ	
3ᵉ	

1ʳᵉ *Pers. du S.*	Je n'ai pas un fol amour-propre.
2ᵉ	
3ᵉ	
1ʳᵉ *Pers. du P.*	
2ᵉ	
3ᵉ	

1ʳᵉ *Pers. du S.*	Je n'entends rien à la nouvelle cuisine.
2ᵉ	
3ᵉ	
1ʳᵉ *Pers. du P.*	
2ᵉ	
3ᵉ	

1ʳᵉ *Pers. du S.*	*(Point de première personne.)*
2ᵉ	Ne sois pas inquiet de l'avenir, et tu ne seras pas malheureux.
3ᵉ	
1ʳᵉ *Pers. du P.*	Ne soyons pas inquiètes de l'avenir, et nous ne serons pas malheureuses.
2ᵉ	
3ᵉ	

1re *Pers. du S.*	Quand l'omnibus est complet, je m'en passe.
2^e	
3^e	
1re *Pers. du P.*	Quand la voiture est complète, nous nous en passons.
2^e	
3^e	
1re *Pers. du S.*	*(Point de première personne.)*
2^e	Ne te confie pas à une personne indiscrète.
3^e	
1re *Pers. du P.*	
2^e	
3^e	
1re *Pers. du S.*	*(Point de première personne.)*
2^e	Crains que la foudre vengeresse n'éclate sur ta tête.
3^e	
1re *Pers. du P.*	
2^e	
3^e	
1re *Pers. du S.*	Veux-je être libre, il faut que je sache être juste.
2^e	
3^e	
1re *Pers. du P.*	
2^e	
3^e	
1re *Pers. du S.*	Quand je vois un présomptueux, je vois un homme médiocre.
2^e	
3^e	
1re *Pers. du P.*	Quand nous voyons des présomptueuses, nous voyons des femmes médic...
2^e	
3^e	

1re Pers. du S.	(*Point de première personne.*)
2e	Ne sois pas envieux du bien d'autrui.
3e	
1re Pers. du P.	Ne soyons pas envieuses du bien d'autrui.
2e	
3e	

1re Pers. du S.	Je me rends facilement à une éloquence persuasive.
2e	
3e	
1re Pers. du P.	
2e	
3e	

1re Pers. du S.	Je serai malheureux, si je le suis par ma propre faute.
2e	
3e	
1re Pers. du P.	Nous serons malheureuses, si nous le sommes par notre propre faute.
2e	
3e	

1re Pers. du S.	(*Point de première personne.*)
2e	N'écoute jamais de maximes corruptrices.
3e	
1re Pers. du P.	
2e	
3e	

1re Pers. du S.	Je deviens sage tous les jours à mes propres dépens.
2e	
3e	
1re Pers. du P.	
2e	
3e	

RÉSUMÉ.

Les élèves mettront au féminin les adjectifs qui sont au masculin :

MASCULIN.	FÉMININ.	MASCULIN.	FÉMININ.
Pire.		Excessif.	
Glorieux.		Persuasif.	
Sûr.		Envieux.	
Débile.		Vertueux.	
Aimable.		Orgueilleux.	
Bon.		Maître.	
Réel.		Médiocre.	
Absolu.		Juste.	
Puissant.		Propre.	
Curieux.		Bref.	
Jaloux.		Vindicatif.	
Magnanime.		Sincère.	
Pécheur.		Peureux.	
Meilleur.		Eternel.	
Muet.		Mou.	
Tranquille.		Dur.	
Nouveau.		Franc.	
Sec.		Frais.	
Faux.		Malin.	
Long.		Partisan.	
Effroyable.		Bénin.	
Roux.		Favori.	
Ancien.		Tiers.	
Noble.		Vide.	
Malheureux.		Public.	
Grec.		Blanc.	
Turc.		Beau.	
Caduc.		Vieux.	
Extravagant.		Complet.	
Fou.		Ridicule.	
Sot.		Malheureux.	
Inquiet.		Cruel.	
Vrai.		Perpétuel.	
Indiscret.		Dupeur.	
Vengeur.		Expressif.	
Corrupteur.		Tardif.	

MASCULIN.	FÉMININ.	MASCULIN.	FÉMININ.
Exclusif.		Présomptueux.	
Heureux.		Libre.	
Douteux.		Sage.	
Grand.		Court.	

XIXᵉ LEÇON.

FORMATION DU PLURIEL 1° DANS LES ADJECTIFS EN GÉNÉRAL; 2° DANS LES ADJECTIFS TERMINÉS PAR *s* ET PAR *x*; 3° DANS LES ADJECTIFS EN *al*.

PRÉCEPTE.

1° Le pluriel des adjectifs, quels qu'en soient d'ailleurs le genre et le nombre, se forme, ainsi que le pluriel des substantifs, par l'addition d'un *s :* bon, *bons;* bonne, *bonnes;* grand, *grands;* grande, *grandes*.

Il n'y a d'excepté que *beau* et *nouveau* qui font *beaux* et *nouveaux*.

Quant aux adjectifs terminés par un *t*, on peut, au pluriel, conserver ou supprimer le *t :* un homme *prudent*, des hommes *prudents* ou *prudens*. Mais il vaut mieux conserver le *t*.

2° Les adjectifs terminés au singulier par *s* et par *x*, ne changent pas au masculin pluriel : un poisson *frais*, des poissons *frais*, un œil *doux*, des yeux *doux;* un *gros* chien, de *gros* chiens; un nez *camus*, des nez *camus;* un homme *gras*, des hommes *gras;* un homme *pervers*, des hommes *pervers*.

3° Les adjectifs en *al* font leur pluriel les uns en *aux*, et c'est le plus grand nombre : *moral, moraux, brutal, brutaux, trivial, triviaux, conjugal, conjugaux, vocal, vocaux, musical, musicaux :* les autres, par l'addition de l's *:* des instants *fatals*, des combats *navals*, des débuts, des effets *théâtrals*, des cierges *pascals*, des sons *finals, initials, labials, nasals*, etc. Des codes *pénals*, des conseils *amicals*, des vents *glacials*, des repas *frugals*, etc.

L'usage est partagé sur *colossal, boréal, austral;* nous préférons *colossals* et *boréaux, austraux*. Enfin, il y a quelques adjectifs qui n'ont encore été employés qu'au féminin, comme *diagonal, patronal, virginal*, etc.

Jeux *floraux, frais préjudiciaux;* ces adjectifs n'ont pas de singulier.

MODÈLE.

1ʳᵉ *Pers. du S.*	Méchant, je serai détesté; bon, je serai aimé.
2ᵉ	Méchant, tu seras détesté; bon, tu seras aimé.
3ᵉ	Méchant, il sera détesté; bon, il sera aimé.
1ʳᵉ *Pers. du P.*	Méchants, nous serons détestés; bons, nous serons aimés.
2ᵉ	Méchants, vous serez détestés; bons, vous serez aimés.
3ᵉ	Méchants, ils seront détestés; bons, ils seront aimés.

EXERCICES.

(Les élèves écriront chaque phrase à toutes les personnes, et la diront oralement aux temps du verbe qui leur seront demandés.)

1re *Pers. du S.*	
2^e	Si tu as de bonnes nouvelles, réjouis-t-en.
3^e	
1re *Pers. du P.*	
2^e	
3^e	
1re *Pers. du S.*	Ce n'est pas moi qui voudrais faire des emprunts ruineux.
2^e	
3^e	
1re *Pers. du P.*	
2^e	
3^e	Ce ne sont pas eux
1re *Pers. du S.*	Ce n'est pas moi qui voudrais m'enrichir par des usures criminelles.
2^e	
3^e	
1re *Pers. du P.*	
2^e	
3^e	
1re *Pers. du S.*	Je suis l'homme le plus doux du monde.
2^e	
3^e	C'est
1re *Pers. du P.*	Nous sommes les femmes les plus douces du monde.
2^e	
3e ·	Ce sont
1re *Pers. du S.*	Je ne suis pas un mauvais élève.
2^e	
3^e	
1re *Pers. du P.*	Nous ne sommes pas de mauvaises élèves.
2^e	
3^e	

1re *Pers. du S.*	La loi veut que je sois garde national à vingt ans.
2^e	
3^e	
1re *Pers. du P.*	
2^e	
3°	

1re *Pers. du S.*	Puis-je être moral, si je suis égoïste?
2^e	
3^e	
1re *Pers. du P.*	
2^e	
3^e	

1re *Pers. du S.*	Quand je marche, je fais un mouvement machinal.
2^e	
3^e	
1re *Pers. du P.*	
2^e	
3^e	

1re *Pers. du S.*	Je ne suis ni vénal, ni partial.
2^e	
3^e	
1re *Pers. du P.*	
2^e	
3^e	

1re *Pers. du S.*	Je ne néglige jamais l'occasion de me rendre utile.
2^e	
3^e	
1re *Pers. du P.*	
2^e	
3^e	

1ʳᵉ *Pers. du S.* | Ce fut moi qui lui annonçai cette bonne nouvelle.
2ᵉ
3ᵉ
1ʳᵉ *Pers. du P.*
2ᵉ
3ᵉ | Ce furent eux

1ʳᵉ *Pers. du S.* | La mort de mon père fut pour moi une source de pleurs.
2ᵉ
3ᵉ
1ʳᵉ *Pers. du P.*
2ᵉ
3ᵉ

1ʳᵉ *Pers. du S.* | Je vais conter la chose la plus merveilleuse qui me soit arrivée.
2ᵉ
3ᵉ
1ʳᵉ *Pers. du P.*
2ᵉ
3ᵉ

1ʳᵉ *Pers. du S.* | Mes succès présents me répondent de ceux à venir.
2ᵉ
3ᵉ
1ʳᵉ *Pers. du P.*
2ᵉ
3ᵉ

1ʳᵉ *Pers. du S.* | J'aurais été honteux, si je m'étais exprimé aussi mal que lui.
2ᵉ
3ᵉ
1ʳᵉ *Pers. du P.*
2ᵉ
3ᵉ

1re *Pers. du S.*	Je ne suis pas aveugle sur mes défauts.
2^e	
3^e	
1re *Pers. du P.*	
2^e	
3^e	

1re *Pers. du S.*	Je lirai les bons écrivains pour me perfectionner le goût.
2^e	
3^e	
1re *Pers. du P.*	
2^e	
3^e	

1re *Pers. du S.*	(*Point de première personne.*)
2^e	Évite de faire une mauvaise action.
3^e	
1re *Pers. du P.*	
2^e	
3^e	

1re *Pers. du S.*	(*Point de première personne.*)
2^e	Ne fais pas de folles dépenses.
3^e	
1re *Pers. du P.*	
2^e	
3^e	

1re *Pers. du S.*	Je mène la vie d'un homme rangé.
2^e	
3^e	
1re *Pers. du P.*	
2^e	
3^e	

1re Pers. du S.	Je suis matinal, je ne suis pas matineux.
2e	
3e	
1re Pers. du P.	
2e	
3e	

RÉSUMÉ.

Les élèves mettront au pluriel les adjectifs qui sont au singulier :

SINGULIER.	PLURIEL.	SINGULIER.	PLURIEL.
Méchant.		Bon.	
Juste.		Bonne.	
Condamnable.		Criminelle.	
Doux.		Douce.	
Malheureux.		Moral.	
Egoïste.		Théâtral.	
Tragique.		Original.	
Doctoral.		National.	
Brutal.		Poli.	
Dur.		Fatal.	
Mortel.		Utile.	
Folle.		Rangé.	
Sot.		Pauvre.	
Puissant.		Intarissable.	
Mauvais.		Mauvaise.	
Aveugle.		Clairvoyant.	
Honteux.		Honteuse.	
Public.		Publique.	
Vénal.		Provincial.	

XXe LEÇON.

PRÉCEPTE.

1° L'adjectif s'accorde en genre et en nombre avec le substantif ou le pronom auquel il se rapporte et qu'il qualifie.

2° Quand un adjectif se rapporte à plusieurs substantifs, on met cet adjectif au pluriel; mais on le met au masculin, si les deux noms sont au masculin; au féminin, au contraire, si les deux substantifs sont féminins.

3º Lorsqu'un adjectif se rapporte à deux noms de différent genre, on le met au masculin pluriel.

4º On dit : 1º L'Église grecque et l'Église latine; 2º L'Église grecque et la latine; 3º Les Églises grecque et latine; 4º Les inversions latines et grecques.

MODÈLE.

1ʳᵉ *Pers. du S.*	*(Point de première personne.)*
2ᵉ	Ne te suppose pas une grandeur et un mérite démesurés.
3ᵉ	Qu'il ne se suppose pas une grandeur et un mérite démesurés.
1ʳᵉ *Pers. du P.*	Ne nous supposons pas une grandeur et un mérite démesurés.
2ᵉ	Ne vous supposez pas une grandeur et un mérite démesurés.
3ᵉ	Qu'ils ne se supposent pas une grandeur et un mérite démesurés.

EXERCICES.

(Les élèves écriront chaque phrase à toutes les personnes, et la diront oralement aux temps du verbe qui leur seront demandés.)

1ʳᵉ *Pers. du S.* J'ai une timidité naturelle que je ne puis vaincre.
2ᵉ
3ᵉ
1ʳᵉ *Pers. du P.*
2ᵉ
3ᵉ

1ʳᵉ *Pers. du S.* Mon frère et moi sommes diligents et sages.
2ᵉ
3ᵉ
1ʳᵉ *Pers. du P.*
2ᵉ
3ᵉ

1ʳᵉ *Pers. du S.* *(Point de première personne.)*
2ᵉ Pratique les vertus civiles et chrétiennes.
3ᵉ
1ʳᵉ *Pers. du P.*
2ᵉ
3ᵉ

1re Pers. du S.	*(Point de première personne.)*
2e	Aie une déférence respectueuse pour les vieillards.
3e	
1re Pers. du P.	
2e	
3e	

1re Pers. du S.	Mes filles sont d'une bonté et d'une vertu exemplaires.
2e	
3e	
1re Pers. du P.	
2e	
3e	

1re Pers. du S.	J'apprendrai la langue anglaise et la langue allemande.
2e	
3e	
1re Pers. du P.	
2e	
3e	

1re Pers. du S.	Je sais les langues italienne et espagnole.
2e	
3e	
1re Pers. du P.	
2e	
3e	

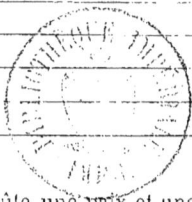

1re Pers. du S.	Je goûte une paix et une joie profondes.
2e	
3e	
1re Pers. du P.	
2e	
3e	

Paris. Typ. Cosson et Cᵉ, rue du Four-Saint-Germain, 43.

PROSPECTUS.

Dans tous les pays de l'Europe, le peuple sait parler et écrire sa propre langue. Notre infériorité, à cet égard, a été constatée par des documents statistiques émanés du ministère de l'instruction publique.

Ce n'est pas que les bonnes méthodes manquent, encore moins ceux qui sont chargés de les enseigner : on connaît assez leur zèle et leur capacité. Mais parmi ces méthodes il y a beaucoup à choisir si l'on considère le temps qu'il faut passer à l'école et les résultats qu'il s'agit d'obtenir dans un court espace de temps. Sous ce rapport, aucune ne présente les avantages qu'au premier coup d'œil on aperçoit dans la nôtre. Nous en avons fait l'expérience sur des enfants de neuf à douze ans, qui, après nos 57 leçons, ont su tous sans exception la grammaire et l'orthographe.

Des résultats si rapides et si efficaces nous ont engagé à publier notre nouvelle méthode appelée, croyons-nous, à rendre d'immenses services. Unique en son genre, elle réalise tout à la fois le bon marché et le progrès, deux choses aujourd'hui inséparables dans toute méthode d'enseignement. En effet, grâce à une dépense insignifiante et à un travail facile et de peu de durée, tout le monde pourra désormais savoir l'orthographe.

Qui douterait de l'efficacité de notre méthode et de la promptitude des résultats? On n'apprendra pas seulement dans un temps extrêmement court la construction grammaticale et orthographique, on apprendra encore à se défaire d'une infinité d'expressions incorrectes. Avec nous, l'enfant ne dira plus : *C'est moi qui l'es, c'est moi qui se nomme un tel, donne-moi s'en, donne-moi-le*, etc.; il est forcé de dire : *c'est moi qui le suis, c'est moi qui me nomme un tel, donne-m'en, donne-le-moi*, etc. Toutes les phrases lui étant données à la première personne, il ne pourra jamais s'écarter dans les autres de la correction grammaticale. Si dans le premier cahier, il manque à l'orthographe, ce qui arrivera nécessairement, il se rectifiera bien vite de lui-même dans les autres. Un avantage encore qui n'appartient qu'à notre méthode, c'est que toutes nos phrases, comme exercice oral ou écrit, peuvent se mettre à tous les temps et à toutes les personnes, avantage précieux qui contribuera puissamment à développer l'intelligence des enfants.

Les instituteurs auront soin d'exercer oralement leurs élèves sur toutes les phrases pronominales et de leur faire mettre ces phrases aux temps composés. Au moyen de ces exercices, les élèves prendront l'habitude d'employer le verbe *être* au lieu du verbe *avoir*, comme c'est assez généralement leur défaut. On doit bannir des écoles ce langage barbare : *Je m'ai levé, tu t'as couché, il s'a promené*, etc. Les enfants doivent dire : *Je me suis levé, tu t'es couché, il s'est promené*, etc.

Quelques personnes nous ont fait observer qu'il y avait, dans nos exercices, des phrases un peu longues, et que, dans ce cas, il était impossible à l'enfant qui avait une écriture lâche d'écrire entièrement ces phrases à toutes les personnes. Nous répondons que toutes les écritures lâches sont mauvaises, et que nos cahiers serviront encore à les corriger, puisqu'il sera de toute nécessité d'écrire plus serré et plus fin.

Répondons encore à une autre observation. Beaucoup d'instituteurs, beaucoup de maisons d'éducation tiennent à leur mode d'enseignement et n'en sauraient changer, du moins quant à présent. Nous n'avons en aucune manière la prétention de substituer notre méthode à toutes celles qui existent. Nos cahiers ne sont que des exercices que les élèves, en général, aiment à faire, parce qu'ils flattent leur amour-propre, et par cela même ils ne seront jamais en trop.

Que dirons-nous de plus? On voit que pour 1 fr. 20 on a une grammaire, 12 cahiers, 57 exercices préparés et réglés, et l'assurance positive de parvenir promptement et heureusement au but. Nous espérons que tous ces avantages réunis seront appréciés par tout le corps enseignant, et que nos efforts pour abréger l'étude de la grammaire et de l'orthographe seront couronnés de succès.

OUVRAGES BESCHERELLE

EN VENTE CHEZ L'AUTEUR, RUE DE GRENELLE-SAINT-HONORÉ, 29
ET A TOUTES LES LIBRAIRIES CLASSIQUES.

Nouvelle méthode de lecture, comprenant tous les sons de la langue française avec leurs différences orthographiques. Ouvrage gradué et divisé en trois parties, au bout desquelles les enfants sont naturellement préparés à l'étude de la grammaire et de l'orthographe. Un volume in-18, cartonné.................. 1 fr.

Petite Grammaire nationale ou Grammaire de toutes les écoles, la plus exacte et la plus complète.
Un volume in-12, cartonné... 1 fr. 50
Exercices. Un volume in-12, cartonné... 1 fr. 50
Corrigé. Un volume in-12, cartonné.. 2 fr. 50

Abrégé de la petite Grammaire nationale. Un volume in-12, cartonné............. 60 c.
Exercices. Un volume in-12, cartonné.. 60 c.
Corrigé. Un volume in-12, cartonné.. 60 c.

Petit manuel d'analyse logique et grammaticale, suivi de quelques fables de La Fontaine, analysées logiquement, et d'un petit Traité de ponctuation. Un volume in-12, cartonné........... 1 fr.

Éléments de la grammaire de Lhomond, avec Questionnaires et Exercices, par Bescherelle. Un vol. in-12, cartonné.. 60 c.

Nouveaux Cahiers d'orthographe, préparés et réglés, ou Petite Grammaire élémentaire, avec Exercices orthographiques et Résumés, en 57 leçons et en 12 cahiers. — Un cahier, 10 cent.;
La Collection.. 1 fr. 20

Nouveau traité du subjonctif et de la concordance. Un petit volume in-12, cartonné, 30 c.

La première orthographe d'usage, avec Exercices et Corrigé.
Livre du Maître. Un volume in-12, cartonné... 1 fr. 50
Livre de l'Élève. Un volume in-12, cartonné.. 1 fr. 50

Dictionnaire des verbes français, classés par catégories et conjugués par ordre alphabétique de terminaisons; avec des modèles conjugués à tous les temps et à la 1re personne. Un vol. in-12, cart.. 1 fr. 75

Le véritable manuel des conjugaisons, ou Dictionnaire des 8,000 verbes, conjugués par ordre de terminaisons et par catégories, à chacune desquelles se trouve en tête un modèle conjugué à tous les temps et à toutes les personnes. Un fort volume in-12. 5e édition................................... 4 fr.

Dictionnaire grammatical et usuel des participes français, classés par catégories et par ordre alphabétique de terminaisons, avec la solution analytique et raisonnée de toutes les difficultés auxquelles peuvent donner lieu les participes sous le rapport de leur orthographe, de leur usage, de leur construction et de leur syntaxe. Un volume in-12 cartonné.. 2 fr.

Dictionnaire des verbes latins, comprenant: 1° la conjugaison latine réduite à sa plus simple expression; — 2° une classification simple et toute nouvelle, exclusive au latin; 3° des catégories qui simplifient et facilitent la conjugaison; 4° des remarques latines très utiles et très-intéressantes; 5° des remarques françaises, toutes étymologiques; 6° et enfin une table alphabétique de tous les verbes. Un vol. in-18...... 2 fr. 25

Manuel théorique et pratique des synonymes français.
Livre du maître. Un volume in-12, cartonné.. 2 fr. 50
Livre de l'élève. Un volume in-12, cartonné.. 2 fr. 50

Petit cours de littérature théorique et pratique, à l'usage des écoles, des collèges et des maisons d'éducation. Un volume in-18 jésus.. 2 fr. 25

L'art de la correspondance. Nouveau Manuel complet, théorique et pratique du style épistolaire et des divers genres de correspondance; suivi de Modèles de lettres familières pour tous les usages de la correspondance. Deux volumes in-12. 2e édition.. 6 fr.

Manuel de correspondance administrative, commerciale et familière. Modèles de pétitions, mémoires, réclamations et actes sous seing privé, préceptes généraux sur le cérémonial des lettres, le service des postes, la correspondance télégraphique, le timbre et l'enregistrement. Un beau volume in-18 jésus... 2 fr. 25

Petit cours de français et d'anglais en 30 leçons. Un volume in-12.................. 3 fr.
Petit cours de français et d'allemand en 30 leçons. Un volume in-12................ 3 fr.
Petit cours de français et d'italien en 30 leçons. Un volume in-12................. 3 fr.
Petit cours de français et d'espagnol en 30 leçons. Un volume in-12................ 3 fr.
Les cinq langues, ou le Français, l'Anglais, l'Allemand, l'Espagnol et l'Italien, véritablement parlés en 60 leçons. 4 forts vol. in-12... 24 fr.

Affranchir et envoyer 30 centimes en plus du prix de chaque volume pour la poste.

Paris. — Typ. Gerson et Cie, rue du Four-St-Germain, 43.